RENTE FRANÇAISE

LES

CAUSES DE SA DÉPRÉCIATION

LES

MOYENS DE LUI RENDRE SA VALEUR

PARIS

IMPRIMERIE SCHILLER, 10, RUE DU FAUBOURG-MONTMARTRE

1866

LA

RENTE FRANÇAISE

LES CAUSES DE SA DÉPRÉCIATION

LES MOYENS DE LUI RENDRE SA VALEUR

LA FRANCE est une puissance de premier ordre, son territoire est assez vaste, son sol est généralement fécond, ses produits sont nombreux. L'industrie et l'activité de ses habitants égalent au moins celles des peuples les plus civilisés.

Son capital, s'est augmenté dans une proportion énorme, puisqu'il a pu absorber les valeurs mobilières de toutes natures dont le marché français a été inondé. Le monde lui apporte ses richesses, lui enlève ses produits, et cependant son crédit est dans un état d'infériorité que rien ne justifie d'une manière complète.

Le prix de la rente 3 0/0, que l'on considère comme le thermomètre de la confiance et de la prospérité publique, tend à diminuer de plus en plus.

Au moment où il est question de rétablir l'amortissement, il me paraît utile de rechercher, d'examiner les causes de la dépréciation de la rente ; je crois en avoir observé quelques-unes et je viens les soumettre, dans un aperçu rapide, à l'appréciation des hommes éclairés en matière de finances, ainsi que les moyens que j'indique comme devant porter remède à un état de choses nuisible aux intérêts de tous.

Les causes que j'ai à signaler, occasionnées par la nécessité des temps, n'ont plus de raison de subsister aujourd'hui. Elles sont toutes financières ; la politique n'y est pour rien. Nous avons eu deux grandes guerres à soutenir et le prix de la rente s'est maintenu.

Nous avons eu de très-gros emprunts à émettre ; ils ont été largement souscrits, et ils sont depuis longtemps classés.

Cependant la rente reste aux environs de 68 fr. 50, sans pouvoir se relever.

Je ne parlerai pas de la suppression de l'amortissement : cette cause première est tellement évidente, que je n'ai pas besoin d'en faire mention, et le gouvernement aura cent fois raison de vouloir restituer à la rente l'appui moral et matériel qui lui est indispensable. Je n'ai donc qu'un mot à en dire : le meilleur moyen de soutenir son crédit, c'est de prouver qu'on travaille sans cesse à éteindre une portion de sa dette.

Ma première observation est celle-ci :

Le nouveau mode adopté pour l'émission des emprunts de l'Etat, considéré tout d'abord comme une bonne mesure, a eu son mauvais côté.

En effet, s'il a popularisé, démocratisé la rente, il a aussi démocratisé le jeu.

Quoique l'esprit de spéculation soit un progrès, et qu'il tende à développer la fortune publique, il n'en est pas de même du jeu qui ne produit rien et éloigne des occupations laborieuses.

Autant la spéculation sérieuse peut donner, avec de gros capitaux, des résultats avantageux pour une nation, autant le jeu, au hasard et à l'aventure des petites bourses, est nuisible aux intérêts généraux du pays ; ce jeu s'adresse de préférence aux valeurs à gros intérêts, il est très facile à entraîner et fait souvent fausse route, il ne sait pas attendre.

Le petit rentier est devenu joueur. Il a vendu son vieux titre de rente, auquel il ne touchait jamais, pour venir souscrire aux emprunts, et gagner une différence ; cette opération lui ayant réussi, il s'est jeté sur les valeurs industrielles ou étrangères qui lui offraient de nouvelles chances à courir.

Il en est résulté que la rente, à de certains mo-
ments, a trouvé moins de preneurs, et son niveau
a naturellement baissé.

La conversion de la rente 4 1/2 est venue de
nouveau troubler la tranquillité des derniers ren-
tiers, et augmenter cette tendance des petits capitaux vers les gros intérêts et les valeurs aléatoi-
res ; il y a eu nécessité pour eux de réparer la
perte qu'on leur avait fait subir.

Cette mesure a occasionné un déclassement et
une dépréciation de la rente, nullement compen-
sée par l'économie que le Trésor a pu y trouver.
Elle n'a servi qu'à détourner le rentier d'une valeur non progressive d'intérêts, et soumise comme toutes les autres aux éventualités du capital.

Le mode des emprunts en obligations adopté
par les Compagnies de chemins de fer, la garantie
partielle donnée par l'Etat à ces obligations ont
fait à la rente une concurrence redoutable.

Cette mesure, nécessaire au moment où elle a
été conçue et mise à exécution, n'a pas été assez
étudiée ; elle était bonne dans le principe, car il
eût été impossible alors de doubler le capital-ac-
tions sans altérer le crédit encore incertain des
entreprises de chemins de fer. Elle est devenue
onéreuse pour les Compagnies, et pour l'Etat lui-
même, par la manière un peu trop large dont on

en a usé. Elle peut devenir plus fâcheuse encore.

On aurait pu équilibrer le chiffre des actions et le chiffre des obligations, il n'était pas nécessaire de donner de si beaux dividendes aux actionnaires primitifs. Avec ce mot magique d'obligations, on a trouvé, il est vrai, bien des milliards, mais on a préparé aussi dans l'avenir bien des ruines.

Mais pourquoi, au moins dans le présent, a-t-on privé le pays d'une partie de ces milliards, et c'est ici que j'ai à signaler encore une cause de la dépréciation de la rente.

L'impôt sur les valeurs mobilières a porté préjudice à la rente.

Au moment où l'on instituait le Crédit Foncier, le Crédit Mobilier, pour favoriser le mouvement de la fortune publique, on forçait un capital énorme à s'immobiliser en titres nominatifs pour éviter de payer l'impôt.

Cet impôt a eu sur le marché français une influence indirecte, mais réelle, et on n'en a pas encore calculé toutes les conséquences.

On a privé le mouvement industriel de plusieurs milliards qui dorment, et ceux qui ont besoin d'argent pour leurs affaires vendent par préférence leurs rentes, sur lesquelles il n'y a pas de droit de mutation. On a diminué les échanges entre les diverses valeurs mobilières et la rente.

Ce n'est pas tout, quels sont les impôts qui rapportent le plus au Trésor? Ce sont les impôts indirects (l'impôt foncier ne paie pas le tiers du budjet); c'est la fortune mobilière qui les supporte le plus facilement, et qui en paye le plus. Laissez la fortune mobilière se mouvoir et s'augmenter, et vous obtiendrez sans aucun doute une augmentation de recettes pour le Trésor.

Cet impôt est donc nuisible à tous les points de vue. En gênant le mouvement des capitaux, il arrête la marche de l'industrie et la valeur croissante des immeubles qui en est la conséquence. Les pays où la propriété a le plus de valeur sont ceux où il y a le plus d'industrie, et depuis plusieurs années la terre n'a pas beaucoup augmenté en France; je ne parle pas des terrains à bâtir, qui sont des objets de spéculation et non de produit.

Du reste, les instruments de travail ne doivent pas payer d'impôt, le capital est un instrument de travail; on trouve de l'argent sur des valeurs mobilières, cet argent doit un loyer il est vrai, mais le loyer n'est pas un impôt, il est facultatif; on s'y soumet parce qu'il doit être productif: mais il devient trop onéreux s'il faut y ajouter un double droit de mutation.

J'aborde une dernière cause qui a bien aussi son importance.

Les embellissements de Paris, les boulevards nouveaux , les rues plus larges, les constructions élégantes plus appropriées aux besoins de l'époque, tout cela était nécessaire.

La spéculation, entraînée vers l'achat des terrains et les constructions nouvelles, a absorbé une masse de capitaux réels, qui seront pour longtemps improductifs, et dont le revenu, quoique lentement progressif, sera toujours limité.

Ce genre de spéculation s'est répandu partout en France, je dois dire qu'il était indispensable dans plusieurs localités, mais il n'en est pas moins vrai qu'il a détourné bien des capitaux de leurs cours naturel, où ils auraient donné des résultats bien autrement productifs.

Paris, ville de luxe et de consommation, offre un attrait immense à tous les étrangers ; ils viennent y dépenser une portion de leurs revenus : mais leur séjour sera moins long, et leur nombre sera restreint, si les frais de séjour deviennent trop onéreux. En toutes choses il y a une mesure possible, sans cela il faut quelquefois s'arrêter, et c'est alors du temps et de l'argent perdus.

Toutes ces causes ont porté préjudice à la rente et amené successivement sa dépréciation.

Le mal est fait, il s'agit de trouver des moyens, de prendre des mesures pour l'empêcher de faire de nouveaux progrès.

Est-ce à dire que cela est impossible ? Ce serait suivant moi une erreur de le penser.

La première chose à faire pour le gouvernement est de trouver les moyens d'abroger la loi d'impôt sur les valeurs mobilières ; je crois en avoir suffisamment indiqué les inconvénients et je pense qu'avant peu d'années l'accroissement des contributions indirectes aura de beaucoup dépassé le produit que donne cet impôt. Il suffirait pour le remplacer d'avoir momentanément recours à la dette flottante.

De plus il faudrait trouver un moyen d'arrêter, de supprimer même l'émission des obligations de chemins de fer, et malgré cela de continuer les travaux qui restent à faire pour le complément des réseaux.

Pourquoi l'Etat ne pourrait-il prendre lui-même les obligations de chemin de fer et émettre de la rente pour subvenir, au fur et à mesure, annuellement aux besoins des Compagnies. Ce serait d'abord une garantie un peu tardive, il est vrai, de leur bonne gestion, elles seraient obligées de donner un devis des travaux à exécuter.

Le jour où il n'y aura plus la concurrence des obligations garanties par l'Etat, on peut croire que la rente aura plus de valeur, et qu'elle ne tardera pas, n'étant plus menacée de ces émissions annuelles, à s'approcher du prix de 75 francs.

En prenant pour base les cours actuels, l'Etat emprunterait à 4 1/4 ou 4 1/2 0/0 et prêterait aux Compagnies à 5 0/0. Il y aurait donc de la marge, et cette différence ne pourrait que s'accroître.

L'avenir du 3 0/0 est connu, son revenu est assuré, il ne doit jamais périr. L'épargne et la spéculation se chargeront plus volontiers d'un milliard de rente que de six cent millions d'obligations.

Il n'y aurait pas d'inconvénient à ce que l'Etat, débiteur de garanties envers les chemins de fer, devînt par cette mesure leur créancier dans l'avenir.

On a déjà, je pense, indiqué ce moyen je ne sais sous quelle forme, mais je proposerais d'y introduire une idée nouvelle, toute favorable au 3 0/0. Ce serait de créer un rachat obligé, un amortissement en quelque sorte du 3 0/0 par les obligations elles-mêmes.

Les obligations déjà émises représentent plusieurs milliards.

Il s'agirait d'offrir aux obligataires, dans un délai indiqué, le choix entre le remboursement de leurs obligations à sortir, contre quinze francs de rente 3 0/0 à des époques plus rapprochées, au lieu du remboursement à cinq cents francs dans les délais déjà fixés.

Les deux tiers des porteurs au moins, si ce n'est la totalité, accepteraient, sans aucun doute, cette nouvelle combinaison, car la majorité des preneurs recherchent les obligations garanties par l'Etat.

Ce serait un calcul à faire pour les Compagnies qui, sans diminuer leur dette, en rapprocheraient l'échéance par le remboursement annuel d'un plus grand nombre d'obligations.

Quinze francs de rente 3 0/0 au prix de 70 à 80 fr., représentent 350 à 400 fr.; c'est en moyenne un quart de moins dans le prix du remboursement, mais c'est aussi un quart de moins dans les échéances, et c'est beaucoup.

D'un autre côté, les Compagnies n'ont pas la certitude de pouvoir toujours émettre leurs obligations à 300 fr., et la moyenne de toutes les émissions déjà faites ne doit pas dépasser ce prix.

Chaque administration aurait à se pourvoir de la rente nécessaire au tirage annuel des obligations; ce serait tout simplement l'emploi en rente du capital des obligations sorties.

Ce rachat à faire par les Compagnies elles-mêmes et suivant leurs besoins, ne pourrait leur être onéreux; elles seraient libres de choisir leur moment, et l'Etat pourrait même, au commencement de chaque exercice, leur garantir une moyenne sans danger, puisqu'il aurait d'autre part des propositions de capitalistes pour les rentes qu'il aurait à émettre.

Dans cet ordre d'idées, il me semble qu'il y a quelque chose d'utile à faire dans l'intérêt de tous. On peut craindre que le prix de la rente et des obligations ne s'avilisse encore, par la concurrence fatale qu'elles sont appelées à se faire pendant des années.

Il me reste un dernier moyen à indiquer. Il peut paraître impossible au premier abord, et je serais de cet avis, si la mesure que je propose était prise sans ménagement, car elle aurait des conséquences très-graves; mais elle me semble très pratiquable et très-favorable à l'essor de la rente, si on lui donne un certain délai pour sa mise à exécution.

Il faut interdire le marché officiel à terme sur toutes les valeurs étrangères. Il suffirait qu'il leur fût ouvert *au comptant seulement.*

Sans doute il est utile, au point de vue financier et au point de vue politique, que l'épargne française profite des avantages offerts comme revenu par les fonds d'Etats étrangers, que les autres pays soient tributaires de la France, et qu'ils viennent y chercher les ressources dont ils ont besoin.

Mais les facilités trop grandes que donne le marché à terme pour encombrer les places de Paris, de Lyon, de Bordeaux des émissions de ces valeurs peuvent à certain moment présenter de graves dangers.

Il est indispensable de mettre un frein aux opérations aventureuses capables d'apporter la perturbation sur le marché français, et d'éviter par là les crises financières quelles doivent inévitablement produire.

Il faut se rappeler les désastres causés il y a trente ans sur le marché français par la baisse rapide de la rente espagnole ; il fallut alors mettre des entraves à la spéculation sur cette valeur.

Si l'expérience du passé doit servir, c'est le moment ou jamais de songer à prévenir de nouveaux malheurs.

Les opérations que l'on pourra faire sur les valeurs étrangères, en dehors du marché officiel, n'auront jamais une aussi grande importance, si le parquet des agents de change, n'admet pas la livraison des titres et n'endosse pas la responsabilité de ces transactions.

Il me paraît aussi nécessaire de renoncer au système de primes et de loteries, que l'on a employé dans ces derniers temps. L'appât de ces primes attire l'épargne au détriment de la rente, et le jour où l'Etat serait obligé d'emprunter, il ne pourrait le faire que dans des conditions moins favorables, si on persistait dans cette mauvaise voie.

Il faut que la rente 3 0/0 devienne le seul fonds d'épargne, de placement et de spéculation du pays, la chose publique et nationale représentant les intérêts de tous, et cela ne nuira en aucune façon à l'essor des autres bonnes valeurs. Il faut rétablir l'amortissement; il faut qu'il fonctionne quand même, d'une manière sérieuse et permanente. Le cours de 80 fr. ne se fera pas longtemps attendre et alors il sera temps de songer à l'unification de la dette.

Les observations que je viens de faire soulèveront sans doute des contradictions ; les moyens que j'ai indiqués et que je crois praticables pourront être modifiés ou remplacés par d'autres, mais cette considération ne doit pas arrêter ceux qui se préoccupent, comme moi, de l'avenir et qui veulent avant tout le développement de la richesse et de la puissance de la France.

J'appelle sur ce sujet l'attention de tous les hommes sérieux.

A. GAUGÉ

82, rue Blanche.